AUX
ÉLECTEURS

SUR

LA CORRUPTION.

PAR AUGUSTE **

De ce jour où Périer, pressé par le congrès,
Dans la fange et le sang enraya le progrès ;
Diviser pour régner ; pour gouverner corrompre,
Fut des hommes d'état le levier qu'il faut rompre.

Prix : 50 Centimes.

CLERMONT-FERRAND,
A LA LIBRAIRIE D'AUGUSTE VEYSSET,
Rue de la Treille, 14.
1839.

AUX ÉLECTEURS

Sur la Corruption.

V

$$\left(\begin{smallmatrix} \cdot & \cdot \\ \cdot & \cdot \end{smallmatrix}\right)$$

AUX
ÉLECTEURS
SUR
LA CORRUPTION.

PAR AUGUSTE **

De ce jour où Périer, pressé par le congrès,
Dans la fange et le sang enraya le progrès;
Divisez pour régner; pour gouverner corrompre,
Fut des hommes d'état le levier qu'il faut rompre.

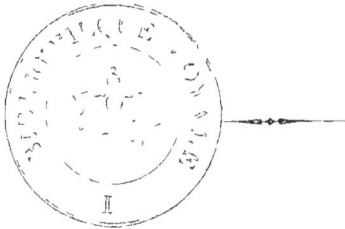

CLERMONT-FERRAND,
A LA LIBRAIRIE D'AUGUSTE VEYSSET,
Rue de la Treille, 14.
1839.

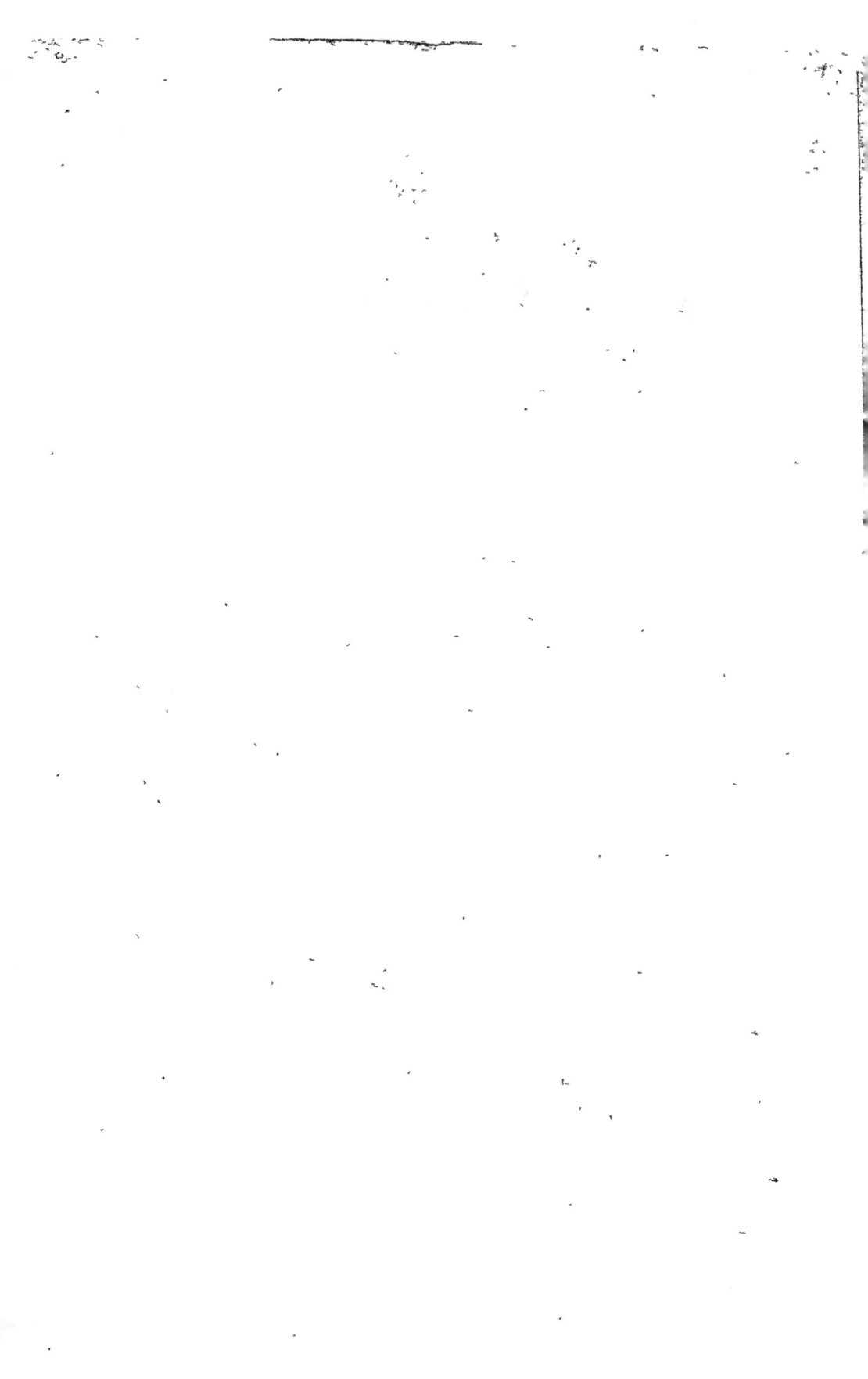

AUX ÉLECTEURS

Sur la Corruption.

———

Peuple, depuis huit ans, tes chefs sourds à ta voix,
A diriger l'état ont dénié tes droits.
Pourtant ils avaient dit, simulant la franchise :
« Palladium sacré, la liberté conquise
Règnera désormais. D'esclave vil, rampant,
Un peuple s'est fait libre; il est seul tout-puissant.
A ce grand souverain, oui, nous rendons hommage;
De lui naissent le droit, la force, le courage :
Sa volonté pour nous est égale à des lois.
La voix d'un peuple libre est la céleste voix.
Dans la noble carrière où l'Eternel le guide,
Patrie et Liberté, voilà sa double égide.
Au milieu des dangers c'est là son labarum;
Il le retrouve encor quand il siége au forum.

En tous temps , en tous lieux, toi, liberté propice,
Contre lui des tyrans que l'ouragan mugisse !
Aux plis de ton manteau vient mourir leur fureur !
Et ton enfant vaincu, par toi seule est vainqueur.

Le riche en son palais, le pauvre en sa chaumière,
Vivent heureux tous deux sous ton bras tutélaire !
L'impôt voté par tous est par tous acquitté.
Faite par tous la loi, type d'égalité,
N'admet aucun faux poids dans sa juste balance.
Pour atteindre le crime et venger l'innocence.
Au temple de Thémis un juge impartial
Bannit de l'accusé tout moyen illégal.
Pour protéger nos droits s'élève la tribune ;
Le journal la soutient de son arme opportune.
La presse et la parole, impérissables droits,
Par les lois garantis, garantissent les lois.

Là, le chef de l'état, mandataire amovible,
Donne au salut public un zèle incorruptible ;
Et comptable envers tous, montre à la nation
Du trésor, par ses mains, l'intègre gestion ;
Encourage les arts, le progrès, l'industrie ;
Fait respecter partout le nom de la patrie ;

Emu de nos succès s'écrie avec fierté
Qu'un état n'est heureux que par la liberté?

Ils disaient... et formant un nouveau ministère,
Sur le soir apparut un premier mandataire...
Huit jours après, partout le lugubre beffroi
Annonçait aux Français qu'ils possédaient un roi !
Un roi... bon citoyen qui défendit la France;
Bourbon... mais non Bourbon... par son indépendance.
Autour des députés on se presse, on bondit;
La charte fut jurée et le peuple applaudit.
La révolution souriait à son guide....
Soudain Périer surgit ; son bras liberticide,
Instrument des tyrans, pressé par le congrès,
Dans la fange et le sang enraya le progrès.
Sur les fils de Juillet fit peser l'esclavage,
Doubla, tripla l'impôt, pour solder le courage
De ce centre affamé qu'il ne put engraisser ;
Quand, sur son piédestal prompts à le replacer,
Quelques nobles enfans pour protéger leur mère,
Au cri de liberté firent trembler la terre !
Sur le parvis fumant du cloître Saint-Méry
Le pouvoir arbora son système flétri.
Lyon fut reconquis, la presse bâillonnée,
Et la loi de septembre à la France donnée.

Comptant sur nos secours, un peuple se leva ;
Vainqueurs, sous ses lauriers bientôt il succomba.
Quand vint la solitude après son agonie,
L'ordre, dit un bourreau, *règne dans Varsovie.*
A ces mots, l'on frémit; ô sublime douleur !
Jeunes hommes, vieillards pleurent du fond du cœur.
Que pouvaient-ils de plus ! — De notre indépendance
Pour détourner des rois l'implacable vengeance,
Le pouvoir, à genoux, demandait sans succès
A quel prix d'un état peut s'acheter la paix ;
Quel poids d'or fait pencher l'inégale balance
Des hommes érigés en maîtres de la France ;
Comme si rois des rois, lorsqu'il manque à sa foi,
Des peuples ne pouvaient éliminer un roi !!!
Et, par le droit divin possesseurs de la terre,
Ces rois lui dirent : « Paie et crains notre colère...»
Alors dans notre France, outrageant la raison,
Une loi proscrivit l'association.
Enhardi du succès, on vote l'apanage ;
Le million est sûr, car le centre fait rage.
Déjà de la curée il croit toucher sa part ;
Il ouvre, étreint la main. O terrible hasard !
Un tribun a dit non... et l'urne triomphale
Pour la loi s'est changée en urne sépulcrale !
Le pouvoir est blessé, mais il n'est point vaincu.
Trois fois il a tonné sur son centre éperdu,

Et trois fois rallié sa phalange nombreuse ;
La *disjonction* meurt dans l'urne ténébreuse.

Arme des impuissans, noire corruption ,
Tu leur prêtais pourtant l'appui de ton poison ! ! !

Grands , courtisans , valets , que la lèpre dévore ,
Quand donc sortirez-vous de l'impure Gomorrhe ,
Où le sang dans la fange a produit un peu d'or ;
Où le crime est absous en montiant son trésor ;
Où la vertu honnie, en mesurant sa plaie
Combat, tombe , se livre à celui qui la paie ;
Où Plutus est le Dieu devant qui sans pudeur
Tout mortel , à genoux , vient immoler son cœur,
Où , filles du Très-Haut , vous, Liberté , Patrie !
Devant cette arme d'or de votre sang rougie ,
Fuyez..... et si n'était son immortalité ,
Votre nom périrait, au néant redouté ,
Et, même au sein du peuple où la lèpre se glisse ,
Victimes on vous livre au feu du sacrifice.

Epoux, pères , enfans , réunis par l'amour,
Sentent se délier leur chaîne chaque jour ;

2

Et, chaque jour, le mal pénétrant dans l'asile,
En guerre a converti la paix de la famille.

Pour la déraciner esquissons à grands traits
De la corruption les funestes progrès !

Tremblant sous les verroux, à tous inaccessible,
Nuit et jour se tourmente un mortel invisible ;
Le matin spéculant sur les chances du jour,
Et le soir à son or riant avec amour.
Devant lui sont ouverts mille billets de banque ;
Son œil les a tous lus ; ils sont bons, rien n'y manque.
Demain sans nul effort, *sans macule de sang*, [rang.
D'autres bien plus nombreux viendront prendre leur
Il a dit : Je le veux. Obéis donc, esclave !
Peuple, que ta sueur, incadescente lave,
Tombe au fond du creuset ; le produit est de l'or.
N'entends-tu pas qu'il crie : Apporte, encor... encor??
Ponr assouvïr sa faim ardente, insatiable,
De l'or autour de lui forme un mur redoutable ?
Peut être que compacts les murs de sa prison
Du métal qu'il entasse étoufferont le son ?
Peut-être que sa main, à compter toujours prête,
Minant les fondemens, fera crouler le faîte ;

Et celui qui vécut pour lui seul , pour son or,
Aura pour un tombeau le sein de son trésor.

. . . .

. . . .

Ils sont huit inclinés sur un énorme coffre ;
Le plus jeune en riant plonge la main', il offre
De l'or, toujours de l'or à leurs bras étendus.
Voyez , étincelans leurs regards sont tendus
Sur le monceau qu'étreint une main acolyte ;
De trois faible est la part ; caissier, vîte , plus vîte.
A nous , à nous , à nous , le partage est égal.
Amis, jusqu'à demain , fermons le tronc banal.
Aujourd'hui c'est pour eux. Pour leurs projets ensuite
Demain les trouvera vers la caisse réduite.
Bien avant le soleil ils ont réglé leurs lots.
L'un dit : Il faut beaucoup pour encrer au repos
Les viscères flottans du famélique centre ;
Par le ventre on fait tout ; il faut remplir le ventre :
Savoir à quel degré ; le cas n'est pas prévu ;
Mais au maître appartient le convive repu.
Et , durant qu'il digère , il peut , sur son caprice ,
Rendre à tous ses desseins l'Amphitrion propice.
Il peut, d'un geste seul, *des deux extrémités*
Par ses cris étouffer les veto redoutés.

Il peut, de ses bravos, d'un belliqueux murmure
A son gré diriger, prolonger la mesure;
Exciter le transport qui va toujours croissant.
A la faveur du bruit on a voté l'argent.

. . . .

. . . .

Pour enrôler ces gens que le trésor engraisse,
Ardente à la curée, il faut payer la presse.
Mensonge et calomnie, impudence et terreur,
Sont par elle semés. Et puis, avec fureur,
Elle bondit, s'élance autour des plus timides,
Les talonne, les mord et les rend intrépides.
Electeurs, croyez-moi, prenez ce candidat,
Sa nomination est utile à l'état?
(Comme un ventre affamé jamais n'aura d'oreilles,)
Elle étale, à grand bruit, les faveurs sans pareilles
Qu'un préfet chamaré, Carbonaro-Judas,
Aux votans donnera sur la fin du repas.

. . . .

. . . .

Il faut payer agens, garde municipale :
Fondement du pouvoir, toi police infernale,

Inventive en complots, toujours courte d'argent.
Caissier, cent millions , ils produiront deux cent !
Je laisse ici la part donnée aux sinécures ;
Les places et les croix que l'on offre aux parjures ;
Les emplois, les honneurs et ces mille moyens
Par qui nous corrompons de probes citoyens ;
Et froids calculateurs, rongés par l'égoïsme ,
Encourageons, payons le honteux servilisme.

A chacun par chacun, pour soutenir nos pas,
De la corruption étalons les appas.
L'argent fait-il défaut ? prompt à couvrir la plaie,
Sur les lois de septembre un pouvoir bat monnaie ;
Les jurés sont à nous ; le jugement est dit ;
L'amende du journal comble le déficit.
Car la presse, en tout temps, à soi toujours fatale,
A rempli les rayons de la caisse fiscale.
. . . .
. . . .

Puis parle le guerrier ; après lui le marin ;
Celui-là plus modeste et fripon non moins fin,
D'un monument qui gît au plan de l'architecte
Pour terminer le front, réclame une collecte.

Et, tous riches, contens, par un commun accord,
Ont jeté leur acquit au fond nu du trésor....

Autour de leurs palais si le peuple sévère,
Pour s'isoler, traçait un cordon sanitaire ;
De la corruption si, promulguant l'arrêt,
Sur leurs fronts il gravait vingt ans au Lazaret ;
Peut-être il parviendrait, par ce moyen extrême,
Dussent-ils en mourir ! à se sauver lui-même ;
Car le salut du peuple est la suprême loi :
Rome, Athènes, Sparte en ont scellé la foi.
Inutiles souhaits, vœux morts avant de naître !
Tout un peuple s'approche, et chacun près du maître
Vient savoir à quel taux s'escompte la vertu.
L'un revend son vieux nom qu'il a trois fois vendu ;
L'autre un semblant d'honneur ; celui-ci sa misère ;
Celui-là son talent ; tout s'adjuge à l'enchère.
Et, par quelque peu d'or s'érigeant en patrons,
Les traitans, comme à Rome, ont aussi leurs plastrons.
O honte ! le valet sur le maître l'emporte ;
A son futur valet avant d'ouvrir sa porte,
Par la voix d'un second il exige comptant
Qu'il pose sur le seuil quelques livres d'argent ;
A ce prix seulement l'admission est sûre ;
Il peut, sans plus tarder, gagner la préfecture ;

Fripon indépendant, pour rattraper son bien,
Punir, voler, frapper et ne ménager rien.
Si soudain d'un journal la ligne accusatrice
Du valet convaincu révèle le complice;
Tout s'agite, travaille, et jusqu'au tribunal
Le crédit vient gagner un jury partial.
Hélas! à l'accusé le verdict est propice;
Mais d'un arrêt criant le peuple fait justice,
Car les temps ne sont plus où violant les lois,
Le juge lui criait : N'élève pas la voix,
A l'arrêt que je rends soumets ta conscience !

Depuis bientôt dix ans sûre de sa puissance,
L'opinion publique, indépendant jury,
Elève au Panthéon ou cloue au pilori.
Au milieu du forum, sur son banc redoutable,
Suprême tribunal guidé par le Seigneur,
Il casse des arrêts l'iniquité, l'horreur,
Absout un innocent ou condamne un coupable !
. . . .
. . . .
. . . .
. . . .

L'on dit que le pays, par ses représentans,
Au trône a dérobé ses plus beaux ornemens.
En dépit de Molé, de son centre à l'œil terne;
En dépit de leurs cris : *Le roi règne et gouverne !*
Deux cent treize votans, vainqueurs de ces débats,
Ont écrit : *Le roi règne et ne gouverne pas !*
Aussitôt, l'on s'émeut, l'on tremble, l'on redoute;
Que faire ? Un coup d'état, et la chambre est dissoute.
A nommer d'autres pairs le peuple est convoqué.
Dans ce duel à mort par lui seul provoqué
De ses honteux moyens use le ministère.
Places, argent, honneur, croix, fortunes à faire,
Par les mains des préfets recruteront les voix.
La presse doit aussi pousser ses longs abois.
Donnez le prix que veut la bulle electorale,
Payez, n'épargnez rien; car la crise est fatale !
Vainqueurs ? tout vous sourit, heureux est votre sort !
Vaincus ? oh frémissez ! la défaite est la mort !

. . . .

. . . .

La presse exhumera, pour capter ton suffrage,
Des centres élagués la séduisante page,

Electeur, que ton bras, sur leurs comptes-rendus,
Stigmatise, au forum, le front de ces vendus !
D'autres diront tout fiers : Moi, je suis monarchique,
Libéral, progressif, tiers-parti, dynastique,
Social, doctrinaire, ardent républicain,
Neutre, ministériel, légitimiste enfin.
Citoyens vertueux, j'encense votre idole ;
Le commerce languit, à bas le monopole !
L'impôt du vin est lourd, plus de droits réunis !
Votre blé seul suffit, les autres sont bannis !
Vous fabriquez, je crois, des sucres-betteraves ;
Aux sucres d'outre-mer je mettrai des entraves.
Des canaux, des chemins en tous lieux introduits,
Transporteront sans frais vos immenses produits.
La liberté ravive industrie et commerce ;
Je réaliserai cet espoir qui vous berce.
Nommez-moi député, mortel élu par vous,
Je promets paix, fortune, indépendance à tous.
(A tout votant douteux laissons la place offerte ;
Aux amis sur l'argent pour soutenir l'alerte.)
A ces mots reconnais le futur apostat ;
Déjà tu vois sa main aux coffres de l'état,
Derrière les verroux de la caisse vibrante
Où se rend le produit de ta veille incessante,
Mandat, conviction au pouvoir corrupteur
Sont livrés en l'acquit d'un billet au porteur.

3

Diviser pour régner, pour gouverner corrompre,
Est des hommes d'état le levier qu'il faut rompre.
En cet instant de crise ils useront de tout ;
Citoyen-électeur, que ton œil soit partout !
Souris, saluts, dîners, déférences, caresses,
Honneurs, rubans, emplois, argent, croix et promesses
Sont les hideux ressorts de la corruption.
Flétris ces attentats de lèse-nation ;
Et, debout sur ton banc, que ta voix éloquente
Dévoile à tous les fils de la trame impudente ..
Qu'ourdissent ces soutiens d'un inique pouvoir !

A de plus grands travaux te porte ton devoir :
Hors du giron haineux du parti doctrinaire,
Anti-ministériel, qu'un tribun populaire,
Défenseur éloquent, homme à conviction,
Opposant au pouvoir un vote de raison,
Eloigné des partis, à son serment fidèle,
Te doive son mandat par l'effort de ton zèle.
Aux intérêts de tous à toute heure veillant,
Son veto sera juste, et ce représentant
Ne prostituera point sa voix, sa conscience,
Au coffre étincelant de la toute-puissance.

A reprendre vos droits il vous faut souvenir ;
Quand parle la patrie, on lui doit obéir.
Chacun à son autel apporte son offrande ;
Aide-toi, j'aiderai ! dit Dieu qui nous commande.
Jadis deux cent vingt-un sauvèrent le pays :
Aujourd'hui son destin en vos mains est remis.
Electeurs, frémissez ! car à l'heure qui sonne,
C'est sa vie ou sa mort que Dieu vous abandonne !

L'on dit que du pouvoir les journaux corrompus
En tous lieux et gratis sont soudain répandus ;
L'on dit que près d'ici, dans un petit village,
Après l'office dit, le maire ouvrit la page
Qu'un traitant inconnu par la poste envoya.
Le cas était nouveau. Trois fois il épella ;
Et, trois fois sa voix lente au nombreux auditoire
De ce journal ne put déchiffrer le grimoire.
Enfin, lunette au nez, vainquant l'émotion,
A ses administrés lut avec onction :
« A tous votans salut, soumission, tendresse :
Le soussigné vous fait connaître par *la presse*
Que ses âmes, féaux, *héros de la Tafna*,
Comte des Omnibus, de Saint-Berain Magna,
Recommandent leur sort à vos nombreux suffrages.
De leur conduite probe ils ont donné des gages.
Pauvres, mais vertueux, sur la concussion
Leurs yeux seront ouverts durant la session.

Ils pourront, au besoin, soutiens de *la commune*,
De retour au foyer, gouverner la fortune.
De leur compte arrêté le chiffre sera net;
Nommez-les députés ! — « Signé Montalivet. »
Et tous de s'écrier, d'une voix unanime :   [crime!
Quel honneur, nommons-les ! mais soudain, affreux
Ils sont, répond quelqu'un, *trop honnêtes pour nous !...*
Et Berain, Omnibus, meurent sur les Boudjous.

Clermont-Ferrand, imprimerie d'Auguste Veysset.

9 782013 759601